1 Ernährung bei Feuchte Hitze im Dickdarm

Diese Empfehlungen bitte immer mit dem TCM-Ernährungsberater/in, oder TCM-Arzt/in absprechen! Die Rezepte und Zutatenlisten unterstützen die Therapien nach der Traditionellen Chinesischen Medizin.

Die Kalorienangaben frischer Zutaten (Obst und Gemüse) schwanken je nach Qualität und Erntezeit. Die Inhalte wurden von einer Diätologin und einer Ernährungsberaterin für die Traditionelle Chinesische Medizin (TCM) geprüft.

Autor:
©2016 Josef Miligui
www.ebns.at

AF209008

Titelfoto:
©2008 Erika Weixlbaumer

Quelle:
Die Listen werden aus der TCME-Datenbank für die Ernährungsberatung generiert. Die Datenbank wird von Ernährungsberater, Therapeuten, Ärzte und Gastronomiebetrieben für die Beratung der Patienten/Klienten und Gästen verwendet.

Literaturliste:
Wir haben die Unterlagen als Wissensbasis genutzt und an unsere Erfahrungen angepasst und ergänzt.
http://ebns.at/index.php/de/datenbank/literaturliste

Herstellung und Verlag:
BoD – Books on Demand, Norderstedt

ISBN
978-3-8370-0110-5

2 Definition der möglichen Symptome

Befragen

Appetit
Völlegefühl
Energie
Schweregefühl in den Extremitäten
Körpertemperatur
Fieber mit Schweiß
Lebensgewohnheiten
Verdorbenes oder fettes Essen
Schmerzen
akute Bauchschmerzen
Brennender Anus
Stuhl
Diarrhö mit Schleim,- und Blutauflagerungen
Starke stinkende Stühle
Häufiger Stuhldrang, starkes Verlangen nach Entleerung
Urin
Wenig dunkler Urin

Pulsdiagnostik

Puls
Schlüpfrig, schnell

Zungendiagnostik

Zunge
Gelber Belag, fetter Belag

3 Therapiestrategie

Durchfall stoppen, Hitze kühlen, Feuchtigkeit beseitigen

4 Vermeiden

Keine Angaben

5 Speiseplan

Kalorien

5.1 Frühstück

5.2 Jause

5.3 Mittag

5.4 Nachmittag

5.5 Abend

5.6 Jederzeit

6 Rezepte

empfehlenswert = Sie können mehr verwenden, weniger = wenn
möglich weniger verwenden.
TL=Teelöffel, EL=Esslöffel, L=Liter, g=Gramm
M=Metall, W=Wasser, H=Holz, F=Feuer, E=Erde.
(Die Kochanleitung nach den Elementen finden Sie im Kapitel
„Rezepte" am Ende des Buches.)

6.1 Acht Schätze Reis

Stärkt Niere und Blase, Baut Qi auf, Stärkt die Milz, Vertreibt
Feuchtigkeit, reduziert innere Hitze, beugt Krebs vor, baut Herz auf,
beruhigt Nerven.
Kalorien p. Portion 212
Kochdauer ca. 1 Stunde
Thermische Wirkung: neutral

Menge	Zutaten		
1 EL	Lilienzwiebel	empfehlenswert	
1 EL	Longane		
1 EL	Weißwurz		
1 EL	Yamswurzel, Yamswurzelknolle		
1 EL	Hiobsträne (Samen) YiYi Ren		
1 EL	Makannasternsamen		
2 Tassen	Reis Wilder (Naturreis)	ja	M
8-10 Tassen	Wasser		E

Kochanleitung:
Je 1 EL: Bai He (Lilienzwiebel), Longan
(Longane/Drachenaugenfrucht), Yu Zhu (Wohlriechender Weißwurz-
Wurzelstock), Da Zao, Shan Yao (Yamswurzel, Yamswurzelknolle),
Lian Mi, Yi Yi Ren (Samen der Hiobsträne), Qian Shi
(Makannasternsamen)
Mit heißem Wasser übergießen und ca. 30 Min einweichen.
Anschließend: 1 – 2 Tassen Reis (normal) hinzufügen und ½ bis 1

Stunde köcheln, bis der Reis sehr weich ist. Oder: Mit Vollwertreis ca. 3 Stunden lang mit den Kräutern ein Congee kochen. Dann müssen die Kräuter nicht eingeweicht werden.

6.2 Adzukibohnen-Reis-Suppe

Reduziert Feuchtigkeit, leitet nach unten, reduziert Magen-Darm-Hitze, baut Essenz auf, stärkt Muskeln nach Hitze-Erkrankung.
Kalorien p. Portion 199
Kochdauer ca. 2 Sunden
Thermische Wirkung: neutral

Menge	Zutaten		
8 EL	Adzukibohnen	empfehlenswert	W
2 EL	Reis Rundkornreis	empfehlenswert	M
2 Tassen	Wasser		E
1 EL	Honig	wenig	E

Kochanleitung:
Eingeweichte Adzukibohnen und Rundkornreis im Verhältnis 4:1 so lange bei kleiner Hitze in Wasser kochen, bis ein dünner Brei entstanden ist. Nach Bedarf süßen; eventuell pürieren.

6.3 Apfel-Bananen-Creme

bewahrt die Säfte, zieht zusammen, reduziert innere Hitze, bei Yin-Mangel, kühlt Hitze im Darm.
Kalorien p. Portion 147
Kochdauer ca. 15 Min.
Thermische Wirkung: kühl

Menge	Zutaten		
400 g.	Apfel (sauer)	ja	H
200 ml.	Wasser		E
1/4 Stück	Orange Schale		
1/2 Stück	Zitrone Schale		F
2 TL	Zucker braun	weniger als angegeben	E
1 Stück	Zimtstange		M
1 Stück	Banane		E
1 TL	Acerola Fruchtnektar oder Pulver		H
1/2 Stück	Orangensaft		H
1 EL	Zitrone Saft	empfehlenswert	H

Kochanleitung:
Äpfel in feine Spalten schneiden, mit Wasser, Orangen- und Zitronenschale, Zucker und Zimt zum Kochen bringen und ca. 7 Minuten köcheln. Die Äpfel sollen fast weich sein. Acerola, Zimtstange entfernen. Mit dem Mixstab Apfel, Banane, Orangen- und Zitronensaft fein pürieren.

6.4 Artischockensuppe

kühlt Hitze, nährt Herz, Magen und Lungen Yin
Kalorien p. Portion 142
Kochdauer ca. 40 min. (+Grundrezept)
Thermische Wirkung: kühl

Menge	Zutaten		
4 Stück	Artischocke	empfehlenswert	F
1 EL	Butter Bio	wenig	E
1 Stück	Zwiebel Schalotte		M
1 EL	Mais Mehl (Maizena)		E
1 Prise	Muskatnuss		M
1/4 Liter	Grundrezept für eine Gemüsebrühe	empfehlenswert	
1 Prise	Salz	wenig	W
1/4 Stück	Zitrone	empfehlenswert	H
1/4 Stück	Zitrone Schale		F
1 Prise	Kurkuma (Gelbwurz)		F
1 EL	Sesam Paste (Tahini)		E
1 TL	Sesam, Weißer		E

Kochanleitung:
Artischocken in gut 2 Liter Wasser mit Salz kochen bis die
Aussenblätter leicht abgehen. Blätter und Blütenmitte (Faserig)
entfernen so dass nur der Boden übrigbleibt.
Butter zerlassen, Zwiebel klein schneiden und sanft dünsten; etwas
Maismehl, Muskat zugeben; mit Gemüsebrühe aufgießen; Salz, etwas
Zitronenschale und -saft, Kurkuma und Artischockenböden hinzufügen,
weich kochen und pürieren; am Ende mit Tahin Abschmecken und vor
dem Servieren mit Sesam bestreuen.

6.5 Austernpilze mit Spargel

Tonisiert Lungen und Nieren Yin, gleicht Hitze aus, leitet Feuchtigkeit
aus.
Kalorien p. Portion 316
Kochdauer ca. 30 min.
Thermische Wirkung: kühl

Menge	Zutaten		
1 Stück	Zwiebel weiss		M
2 EL	Butter Bio	wenig	E
300 g.	Austernpilze	empfehlenswert	E
2 EL	Sake		M
2 EL	Petersilie		H
3 EL	Walnüsse	weniger als angegeben	E
500g.	Spargel (grün oder weiß)		E
1 Prise	Salz	wenig	W
1 Prise	Zucker (weiß, aus Rüben)	weniger als angegeben	E

| 1/2 Kg. | Kartoffel | wenig | E |
| 1 Prise | Salz Kräutersalz | | W |

Kochanleitung:
Biologisch angebaute Kartoffeln mit der Schale kochen, sonst
Salzkartoffeln zubereiten. Den Spargel in Salzwasser mit einer Prise
Zucker und Salz kochen. (Man kann eine alte Semmel mitkochen
welche die Bitterstoffe aufnimmt.) Die kleingeschnittenen Zwiebeln in
einer Pfanne in der Butter leicht andünsten, bevor die mundgerecht
geschnittenen Austernpilze in derselben Pfanne kurz angebraten
werden.
Unter mehrmaligem Umrühren 15 Minuten dünsten. Sake, Walnüsse
und Petersilie zufügen und auf kleiner Flamme köcheln, während Sie
Kartoffeln und Spargel abgießen. Zum Schluss noch etwas Kräutersalz
drüberstreuen.
Wenn kein frischer Spargel verfügbar ist, kann Spargel in Gläser
verwendet werden.

6.6 Baby Frühlingsgemüse

Kühlt Hitze, diuretisch, kühlt Blut, reduziert Schleim, reduziert Hitze,
befeuchtet, entspannt, baut Qi auf, verteilt. Stärken die Mitte, entgiftet,
weicht auf, leitet nach unten. Nährt Lungen-Yin, produziert Körpersäfte.
Kalorien p. Portion 63
Kochdauer ca. 1 1/2 Stunden
Thermische Wirkung: neutral

Menge	Zutaten		
500 g.	Karotte (Mohrrübe, Möhre)		E
500 g.	Kohlrabi		E
2 EL	Butter Bio	wenig	E
125 ml.	Wasser		E

Kochanleitung:
Das Gemüse gründlich waschen. Die Karotten und die Kohlrabi putzen
und schälen. Von den Kohlrabi einige zarte Blätter fein hacken und
beiseite legen. Die Karotten und die Kohlrabi grob raspeln. Die Butter
zerlassen, das Wasser und das Gemüse zugeben und bei mittlere Hitze
etwa 30 Minuten garen. Dabei ab und zu umrühren. Das Gemüse samt
Kochflussigkeit auf etwa 8 Tiefkühlbeutel zu Portionen a100- 150 g (je
nach Alter des Kindes) verteilen. Die Beutel verschließen, ganz
abkühlen lassen und einfrieren (etwa 3 Monate haltbar).
Bei Bedarf auftauen lassen, aufkochen und mit 80 g Pellkartoffeln und
einem Ei vermischen. (Das Rezept kann einfach variiert werden wenn
man Blumenkohl, Erbsen oder Zucchini verwenden möchte)

6.7 Baby Zartes Fenchel-Gemüse

Reguliert Qi, wärmt das Innere, senkt Kälte ab, stärkt Magen, lindert Obstipation, stärkt Yang, löst Schleim, reduziert Wind, verteilt.
Kalorien p. Portion 70
Kochdauer ca. 25 Min.
Thermische Wirkung: warm

Menge	Zutaten		
1 Stück	Kartoffel	wenig	E
100 g.	Fenchel	empfehlenswert	E
2 EL	Wasser		E
1 EL	Butter Bio	wenig	E

Kochanleitung:
Die Kartoffel waschen und mit einem Sparschäler schälen. In etwa 2 cm große Würfel schneiden. Den Fenchel waschen, fleckige, dunkle Stellen entfernen und die Knolle kleinschneiden. Beides mit 2 Esslöffeln Wasser in einem kleinen Topf zum Kochen bringen. Bei schwacher Hitze in etwa 15 Minuten garen. Die Kümmelkörner herausfischen. Das Gemüse mit dem Pürierstab fein pürieren und dabei die Butter unterrühren.
Fenchel und Kümmel beruhigen den Magen und beugen Blähungen vor. Außerdem enthält Fenchel besonders viel Vitamin C und Folsäure. Eine ideale Mahlzeit für kranke Kinder.

6.8 Belugalinseneintopf mit Gemüse

Tonisiert Qi und Blut, stärkt Nieren und Milz, leitet Feuchtigkeit aus.
Kalorien p. Portion 201
Kochdauer ca. 20 min.
Thermische Wirkung: warm

Menge	Zutaten		
2 Tassen	Linsen (Helmbohnen)		W
4-5 Tassen	Wasser		E
3 Stück	Karotte (Mohrrübe, Möhre)		E
1 Stück	Lauch (Porree)	empfehlenswert	M
1/2 Stück	Kohlrabi		E
2 Stück	Tomate		H
1 Stück	Zwiebel weiss		M
2 Blatt	Lorbeerblatt		M
1 Stück	Fenchel	empfehlenswert	E
2 Stück	Sternanis		M
6 Stück	Wacholderbeere		F
1 Prise	Chili (Schote oder gemahlen)		M
3 EL	Olivenöl	wenig	E
1 Prise	Salz	wenig	W

| 1/2 TL | Ingwer frisch | M |
| 1 Prise | Schwarzkümmel | |

Kochanleitung:
Öl in heißem Topf erhitzen. Zwiebel andünsten und gewürfeltes Gemüse und Gewürze, Linsen (gut gewaschen) und Salz dazugeben. Mit kaltem Wasser ausreichend (3 Fingerbreit) bedecken und 20 min auf kleiner Flamme kochen.
Mit frischen Kräutern und Schwarzkümmel bestreuen

Passt sehr gut zu Reis!

6.9 Bunte toskanische Bohnensuppe

Kühlt Hitze, produziert Körpersäfte. Nähren Yin von Herz und Niere, entspannt, baut Qi auf, verteilt.
Kalorien p. Portion 249
Kochdauer ca. 2 Stunden
Thermische Wirkung: kühl

Menge	Zutaten		
50 g.	Nierenbohnen (rote)		W
25 g.	Kichererbsen		W
25 g.	Linsen (Helmbohnen)		W
1 Stange	Sellerie Stangensellerie	wenig	E
2 Stück	Tomate		H
1/2 TL	Fenchelsamen gemahlen	empfehlenswert	E
1 Prise	Salz	wenig	W
1 Prise	Pfeffer (gemahlen)		M
1 Zehe	Knoblauch		M
3 EL	Olivenöl	wenig	E
600 ml.	Wasser		E
5-7 Blätter	Basilikum (frisch)	ja	M

Kochanleitung:
Hülsenfrüchte einweichen, kochen und pürieren. Gemüse, Gewürze, Kräuter und Öl zugeben und alles 2 Stunden sanft garen.
Variante: Esskastanien (Maronen) geben dem Gericht noch eine speziell italienische Note.

6.10 Ente mit Mungobohnen

Nährt Yin. Reduziert Hitze und Gift, weicht auf, leitet nach unten. Stärkt Magen und Leber, reguliert Qi-Fluss, bei, befeuchtet, entspannt, verteilt. Löst Stagnation.
Kalorien p. Portion 746
Kochdauer ca. 2 Stunden
Thermische Wirkung: kühl

Menge	Zutaten		
1/2 Stück	Ente (Frühmastente, schlachtfrisch)		H
2 Stück	Zwiebel weiss		M
1 Stück	Karotte (Mohrrübe, Möhre)		E
1 Zehe	Knoblauch		M
250 g.	Mungobohne		W
3 Stück	Pfeffer Körner		M
1 TL	Honig	wenig	E
1 TL	Sojasauce		W
1 TL	Zitrone Saft	empfehlenswert	H
1 Prise	Salz	wenig	W
1 Prise	Pfeffer (gemahlen)		M
1 EL	Olivenöl	wenig	E
2 Blätter	Lorbeerblatt		M
1 Prise	Schwarzkümmel		
1 TL	Bohnenkraut		W

Kochanleitung:

Am Vortag die Mungobohnen einweichen und die Ente kalt abspülen. Das Gemüse waschen, putzen und in grobe Stücke schneiden. Die Enten und das Gemüse in einen Topf geben und knapp mit Wasser bedecken. Lorbeerblätter, Bohnenkraut, Beifuß und Pfefferkörner dazugeben. Bei mittlerer mittlerer Hitze aufkochen und weitere 45 Minuten kochen lassen. Ab und zu abschäumen. Die Ente aus dem Fond nehmen, erkalten lassen und über Nacht kühl aufbewahren.

In einem Topf die gehackten Zwiebel in Olivenöl anschwitzen lassen und mit 1/4 Liter Fond aufgießen und das vorgekochte Gemüse hinzugeben. Die Mungobohnen hinzugeben und mit Honig, Sojasauce, Zitronensaft, Salz, zerstoßenem Schwarzkümmel und Pfeffer abschmecken.

Mit Reis oder Kartoffeln servieren.

6.11 Erfrischende Gurkensuppe mit Kartoffeln

Diuretisch, reduziert feuchte Hitze, entgiftet. Stärkt Qi, stärkt Milz, lindert Entzündungen, verteilt.
Kalorien p. Portion 148
Kochdauer ca. 15 Min
Thermische Wirkung: kühl

Menge	Zutaten		
1 EL	Sesamöl		E
4 Stück	Kartoffel	wenig	E
3 Stück	Zwiebel Frühlingszwiebel		M
1 Prise	Pfeffer (gemahlen)		M

Menge	Zutaten		
1 Prise	Muskatnuss		M
1 Prise	Salz	wenig	W
1/2 Stück	Zitrone	empfehlenswert	H
2 Stück	Gurke	empfehlenswert	E
1 EL	Sahne, süß 30%	weniger als angegeben	H
1 EL	Dill		M

Kochanleitung:
In einem heißen Topf Sesamöl, kleingeschnittene Kartoffeln, reichlich Frühlingszwiebeln anbraten; Pfeffer, etwas Muskat, Salz, Zitronensaft, heißes Wasser, gewürfelte Salatgurke dazugeben; etwa 10 Minuten dünsten und danach pürieren; etwas süße Sahne nach Belieben, frischen Dill zufügen.

Variante: Etwas Chili, Oregano, Thymian oder Rosmarin dazugeben, um die abkühlende Wirkung zu mildern.

6.12 Fenchel-Kartoffel-Auflauf

Reguliert Qi, stärkt Magen, lindert Obstipation, stärkt Yang, löst Schleim, reduziert Wind, verteilt. Stärkt Qi, stärkt Milz, entspannt, baut Qi auf, verteilt.
Kalorien p. Portion 137
Kochdauer ca. 1 Stunde
Thermische Wirkung: warm

Menge	Zutaten		
200 g.	Fenchel	empfehlenswert	E
125 g.	Kartoffel	wenig	E
100 ml.	Wasser		E
1 TL	Butter Bio	wenig	E
2 TL	Reismehl	empfehlenswert	M
1 TL	Sahne sauer 10%	wenig	H
1 Prise	Salz	wenig	W
1 Prise	Zucker Ursüße (Zuckerrohr)	weniger als angegeben	E
1 Stück	Huhn Eigelb		E
1 Prise	Pfeffer Cayenne		M
1 Prise	Muskatnuss		M
1 TL	Petersilie		H
1 TL	Lauchzwiebel Schnittlauch		M
1 TL	Parmesan	wenig	E
1 TL	Butter Bio	wenig	E

Kochanleitung:
Pellkartoffeln kochen, abkühlen lassen und schälen. Fenchel waschen, Stiele abschneiden und evtl. äußere Blätter entfernen.
Fenchelgrün zurückhalten und später mit den anderen Kräutern zur Soße geben. Fenchelknollen ca. 15 – 20 Minuten dünsten. Danach

Kartoffeln und Fenchel in Scheiben schneiden und schichtweise in eine gefettete Auflaufform geben.100ml. Flüssigkeit aus Fenchelbrühe zum Kochen bringen und mit Mehl binden. Mit Meersalz, Cayennepfeffer, Zucker, Muskat und saurer Sahne abschmecken. Abkühlen lassen und mit Eigelb legieren. Die Soße über den Auflauf verteilen, mit Parmesan und fein gehackter Petersilie und Schnittlauch bestreuen. Alles bei ca. 200° C im Backofen eine halbe Stunde überbacken.

6.13 Fenchel-Reissuppe

Reguliert Qi, stärkt Magen, lindert Obstipation, stärkt Yang, löst Schleim, reduziert Wind, verteilt. Stärkt Qi und Nieren-Jing, baut Qi auf.
Kalorien p. Portion 155
Kochdauer ca. 15-20 Min. (+Grundrezept)
Thermische Wirkung: warm

Menge	Zutaten		
300 ml.	Grundrezept für eine Reissuppe (Congee)	ja	
1/2 Stück	Fenchel	empfehlenswert	E
1 EL	Butter Bio	wenig	E
1 Schuß	Sojasauce		W

Kochanleitung:
In der Reissuppe nach Grundrezept den Fenchel weich kochen. Vor dem Servieren einen Stück Butter und etwas Sojasoße zugeben.

6.14 Fischsuppe mit Rosmarin

Kräftigt Nieren-Qi; nährt Blut und Säfte; fördert das Wasserlassen. Reguliert Qi, trocknet aus, leitet nach unten. Stärkt Milz und Leber, reguliert Qi-Fluss, befeuchtet, entspannt, baut Qi auf, verteilt.
Kalorien p. Portion 271
Kochdauer ca. 30 Min. (+Grundrezept)
Thermische Wirkung: neutral

Menge	Zutaten		
1/2 Liter	Grundrezept für eine Fischbrühe	wenig	
1/2 Bund	Rosmarin		F
1 Stück	Zwiebel Frühlingszwiebel		M
2 EL	Olivenöl	wenig	E
250 g.	Fischstücke gemischt (Süßwasser)		W
1 Stück	Karotte (Mohrrübe, Möhre)		E
1 Stück	Pastinake	empfehlenswert	F
1 Scheibe	Sellerie Knolle	wenig	E
1 Prise	Salz	wenig	W
2 Stück	Pfeffer Körner		M
1 Zehe	Knoblauch		M

Kochanleitung:
Die Zwiebel und Knoblauch in dem Öl glasig braten. Mit Fischbrühe aufgießen. Gewürfelte Karotte, Pastinaken und Sellerie hinzugeben. Mit Salz und Pfefferkörnern würzen. Die Suppe 25 Min. bei schwacher Hitze köcheln lassen.
Den Fisch waschen, mit Zitronensaft beträufeln, in Stücke teilen und mit dem abgezupften Rosmarin in die Suppe geben. Alles 5 Min. bei schwacher Hitze garen.
Schnittlauch und Petersilie dazugeben und die Suppe mit dem Salz abschmecken.

6.15 Fischsuppe mit Weißwein, Lorbeer und Majoran

Kräftigt Nieren-Qi; nährt Blut und Säfte; fördert das Wasserlassen, weicht Knoten auf. Reguliert Qi, trocknet aus, leitet nach unten.
Entspannt, baut Qi auf.
Kalorien p. Portion 199
Kochdauer ca. 45 Min. (+Grundrezept)
Thermische Wirkung: neutral

Menge	Zutaten		
2 Stück	Zwiebel Frühlingszwiebel		M
1 Zehe	Knoblauch		M
1/2 Liter	Grundrezept für eine Fischbrühe	wenig	
1 Stück	Karotte (Mohrrübe, Möhre)		E
1 Stück	Pastinake	empfehlenswert	F
1 Scheibe	Sellerie Knolle	wenig	E
1 Prise	Salz	wenig	W
2 Stück	Pfeffer Körner		M
1/4 Stück	Zitrone	empfehlenswert	H
1/8 Liter	Weißwein		H
2 Blätter	Lorbeerblatt		M
1 TL	Rosmarin		F
1 TL (gehackt)	Lauchzwiebel Schnittlauch		M
1 TL Gehackt	Petersilie		H

Kochanleitung:
Die Zwiebel und Knoblauch in dem Öl glasig braten. Mit Fischbrühe aufgießen. Gewürfelte Karotte, Pastinake und Sellerie hinzugeben. Mit Salz und Pfefferkörnern würzen. Die Suppe 25 Min. bei schwacher Hitze köcheln lassen.
Den Fisch waschen, mit Zitronensaft beträufeln, in Stücke teilen und mit dem Wein, den Lorbeerblättern und dem Majoran in die Suppe geben. Alles 5 Min. bei schwacher Hitze garen.
Schnittlauch und Petersilie dazugeben und die Suppe mit dem Salz abschmecken.

6.16 Frischkäseersatz

Kühlt Hitze, hält Säfte, baut Blut und Yin auf.
Kalorien p. Portion 526
Kochdauer ca. 20 Min.
Thermische Wirkung: kühl

Menge	Zutaten		
1 Liter	Sojabohnenmilch	wenig	E
1 Stück	Zitrone	empfehlenswert	H
2 EL	Kräuter verschiedene		
6 Scheiben	Vollkornbrot	weniger als angegeben	H

Kochanleitung:
Sojamilch in einen Topf geben und unter gelegentlichem Rühren
(brennt leicht an!) zum Kochen bringen, abkühlen lassen.
Zitrone auspressen und leicht unter die abgekühlte Sojamilch (ca. 80°C)
rühren, ca. 20 min. ruhen bzw. gerinnen lassen.
Geronnene Sojamilch durch ein mit dem Geschirrtuch ausgelegtes Sieb
schütten, Flüssigkeit ablaufen lassen und danach Restflüssigkeit mit
dem Geschirrtuch auspressen.
Nach Geschmack mit frischen Kräutern verfeinern.
Dazu Vollkornbrot servieren.

6.17 Frühlingssalat

Bewahrt die Säfte, nährt Leber-Yin, kühlt Hitze, produziert Körpersäfte.
Bewegt Qi und Blut, diuretisch, kühlt bei innerer Hitze, löst Stagnation,
leitet nach unten.
Kalorien p. Portion 162
Kochdauer ca. 10 Min.
Thermische Wirkung: kühl

Menge	Zutaten		
150 g.	Sauerampfer		H
100 g.	Löwenzahn (junger)	empfehlenswert	F
75 g.	Mungobohnensprossen		W
100 g.	Kresse	empfehlenswert	M
1 Bund	Lauchzwiebel Schnittlauch		M
2 Stück	Tomate		H
1 Bund	Petersilie		H
2 EL	Sesam Paste (Tahini)		E
1 Schuß	Sojasauce		W
1/2 TL	Senf		M
6 Scheiben	Weißbrot (Weizenbrot)	wenig	H

Kochanleitung:
Alle Salatzutaten waschen, mischen und die Sauce folgendermaßen
zubereiten:

Tahin mit Senf und Balsamikoessig, mit Tamari, Olivenöl, Schnittlauch und der Hälfte der Petersilie mischen. Die Sauce über den Salat gießen und unmittelbar vor dem Servieren die restliche Petersilie drüberstreuen.
Mit dem Weißbrot servieren.

6.18 Gebratener Spargel mit Rucola

Nährt Yin von Lunge und Niere, ernährt Yin, baut Qi auf. Stärkt Qi, stärkt Milz. Leitet feuchte Hitze nach unten aus.
Kalorien p. Portion 148
Kochdauer ca. 15 Min.
Thermische Wirkung: kühl

Menge	Zutaten		
1 EL	Butter Bio	wenig	E
500 g.	Spargel (grün oder weiß)		E
1 Prise	Pfeffer (gemahlen)		M
1 Prise	Salz	wenig	W
1/4 Stück	Zitrone	empfehlenswert	H
2 Handvoll	Rucola (Rauke)		F
300 g.	Kartoffel	wenig	E

Kochanleitung:
In einer heißen Pfanne ein Stück Butter schmelzen; geschälten Spargel in 3- 4 cm große Stücke geschnitten etwa 10 Minuten sanft braten, bis er gar, aber noch knackig ist; mit frisch gemahlenem Pfeffer, Salz bestreuen; einige Spritzer Zitronensaft oder fein geriebene Zitronenschale, fein zerrupfte Rucolablätter untermengen.
Kartoffel im reichlich gesalzenem Wasser kochen, dann schälen.

6.19 Geröstete Hirse mit Stangensellerie

Stärkt Milz und Niere, diuretisch. Bewegt Leber-Qi, kühlt Hitze, befeuchtet, entspannt, baut Qi auf, verteilt.
Kalorien p. Portion 400
Kochdauer ca. 30
Thermische Wirkung: kühl

Menge	Zutaten		
1 Tasse	Hirse	empfehlenswert	E
2 Tassen	Wasser		E
2 Stangen	Sellerie Stangensellerie	wenig	E
2 EL	Wasser		E
1 EL	Kräuter verschiedene		
1 Prise	Salz	wenig	W
3-4 Blätter	Salbei		F
1 TL	Kresse	empfehlenswert	M

Kochanleitung:
Hirse kurz anrösten, mit Wasser übergießen kurz aufkochen und 20 min. quellen lassen.

Stangensellerie klein schneiden und mit Wasser, Salz und frische Kräuter 10 min. kochen und zu der Hirse geben. Frischen Salbei oder Kresse kleingehackt drüberstreuen.

6.20 Grundrezept für eine Gemüsebrühe nahrhaft

Stärkt Milz und Lunge, reguliert Qi-Fluss, baut Qi auf, trocknet aus, leitet nach unten. Stärkt Magen-Qi.
Kalorien p. Portion 47
Kochdauer ca. 2-3 Stunden
Thermische Wirkung: neutral

Menge	Zutaten		
1 EL	Olivenöl	wenig	E
1 Stück	Zwiebel weiss		M
3 Stück	Karotte (Mohrrübe, Möhre)		E
150 g.	Pastinake	empfehlenswert	F
1 Tasse	Sellerie Knolle	wenig	E
1/2 TL	Ingwer frisch		M
1/2 Stück	Zitrone	empfehlenswert	H
6 Stück	Wacholderbeere		F
1 Prise	Thymian getrocknet		M
1 EL	Liebstöckel		M
2 Blätter	Lorbeerblatt		M
1 Prise	Salz	wenig	W
3/4 Liter	Wasser		E

Kochanleitung:
Gemüse würfelig schneiden. In heißem Topf Öl erhitzen, Zwiebel und Gemüse anbraten, Ingwer und Lorbeer dazugeben. Mit kaltem Wasser aufgießen, Zitronensaft zugeben. Mit Wacholder, Thymian und Liebstöckel würzen. 2 – 3 Stunden auf kleiner Flamme zugedeckt köcheln. Das verwendete Gemüse soll weggeworfen werden. Das Grundrezept dient als Suppengrundlage und zur Verfeinerung von Gemüse, Hülsenfrüchte oder Getreide. Wollen Sie gleich Gemüsesuppe essen, geben Sie eine halbe Stunde vorher das gewünschte Gemüse dazu.

6.21 Gurkensalat

Kühlt und befeuchtet, diuretisch, reduziert feuchte Hitze, entgiftet, Bewegt Qi, löst Stagnation, leitet nach oben.
Kalorien p. Portion 27

Kochdauer ca. 5 min.
Thermische Wirkung: kühl

Menge	Zutaten		
1 Stück	Gurke	empfehlenswert	E
1 Prise	Salz	wenig	W
1 Prise	Dill		M
1 EL	Essig (Apfelessig)		H

Kochanleitung:
Gurke (nicht BIO schälen) dünn schneiden und würzen.

6.22 Gurkensuppe

Kühlt und befeuchtet, diuretisch, reduziert feuchte Hitze, entgiftet,
entspannt, baut Qi auf, verteilt. Vertreibt Schleim, leitet nach unten,
Aktiviert Wei Qi, stärkt Qi.
Kalorien p. Portion 95
Kochdauer ca. 20 min.
Thermische Wirkung: kühl

Menge	Zutaten		
2 EL	Olivenöl	wenig	E
2 Stück	Gurke	empfehlenswert	E
1/2 Liter	Wasser		E
3 Blätter	Salbei		F
1/2 TL	Senf		M
1 Prise	Koriander		M
1 Prise	Kardamom		M
1 Prise	Salz	wenig	W

Kochanleitung:
Öl erhitzen, die kleingschnittenen Gurken kurz anrösten. Senfkörner,
Koriander, Kardamom und Salz dazugeben und kürz dünsten. Mit dem
Wasser übergießen. 10-15 min. köcheln lassen. Pürieren und mit
frischen gehacktem Salbei dekorieren.

6.23 Hirse mit Birnen

Erfrischend und nährend, baut Säfte auf kühlt Hitze.
Kalorien p. Portion 213
Kochdauer ca. 15 Min.
Thermische Wirkung: kühl

Menge	Zutaten		
1 Tasse	Hirse	empfehlenswert	E
2 Tassen	Wasser		E
2 Tassen	Traubensaft rot		E
4 Stück	Birne	ja	E
1/2 TL	Ingwer frisch		M

Menge	Zutaten		
1 Prise	Salz	wenig	W
1 TL	Acerola Fruchtnektar oder Pulver		H
1 Prise	Kakao		F
2 EL	Sonnenblumenkerne		E
1/2 TL	Gerstenmalz	wenig	E
2 TL	Sahne, süß 30%	weniger als angegeben	H

Kochanleitung:
In heißem Wasser Hirse aufsetzen und gar kochen.

Danach: In einem heißen Topf etwas Traubensaft erwärmen; kleingeschnittene Birnen, sehr wenig geriebenen Ingwer, eine kleine Prise Salz, Acerola, eine Prise Kakao dazugeben und kurz andünsten; die gekochte Hirse, Sonnenblumenkerne, etwas Gerstenmalz nach Belieben, 1 TL Sahne pro Portion oder etwas Butter untermengen und erhitzen.

6.24 Hirse mit Shiitakepilzen und Avocado

Nährt Yin von Leber, Lunge und Dickdarm, befeuchtet, entspannt, baut Qi auf, verteilt. Stärkt Milz und Niere, diuretisch. Bewegt Qi, reduziert innere Hitze, trocknet aus, leitet nach unten. Befeuchtet, entspannt, baut Qi auf, verteilt.
Kalorien p. Portion 559
Kochdauer ca. 20 Min.
Thermische Wirkung: kühl

Menge	Zutaten		
1 Tasse	Hirse	empfehlenswert	E
2 Tassen	Wasser		E
25 g.	Shiitake, getrocknet	empfehlenswert	E
1/2 TL	Ingwer frisch		M
1 Prise	Pfeffer (gemahlen)		M
1 Prise	Salz	wenig	W
1 EL	Petersilie		H
1 Prise	Rosenpaprika Pulver		F
1 EL	Butter Bio	wenig	E
1 Stück	Avocado	wenig	E
1 Schuß	Zitrone Saft	empfehlenswert	H
2 Handvoll	Rucola (Rauke)		F

Kochanleitung:
In einen Topf mit heißem Wasser die Hirse streuen, in Streifen geschnittene Shiitakepilze und etwas Ingwer dazugeben und gar köcheln; eine Prise gemahlenen Pfeffer, etwas Salz, reichlich Petersilie, eine Prise Rosenpaprika, ein Stück Butter unterrühren.
Währenddessen: ½ Avocado pro Portion auf einer Tellerhälfte anrichten: mit etwas gemahlenem Pfeffer, einer kleinen Prise Salz

bestreuen; mit Zitronensaft beträufeln; etwas kleingeschnittenen Rucola oder Rosenpaprika drüberstreuen; das Hirsegericht auf die andere Tellerhälfte geben.

6.25 Hülsenfrüchte

Stärkt Milz und Leber, reguliert Qi-Fluss, befeuchtet, entspannt, baut Qi auf, verteilt. Nährt Blut und Qi, diuretisch, harmonisiert Qi (v.a. im Mittleren und Unteren Erwärmer), entgiftet. Reduziert innere Hitze und Feuchtigkeit.
Kalorien p. Portion 31
Kochdauer ca. 30 Min.
Thermische Wirkung: neutral

Menge	Zutaten		
100 g.	Pintobohnen gesprenkelt		W
50 g.	Linsen (Helmbohnen)		W
50 g.	Erbse, grün	ja	W
1 Liter	Wasser		E
1 Scheibe	Zitrone	empfehlenswert	H
5 Stück	Wacholderbeere		F
1 Zweig	Thymian		W
1 Zweig	Rosmarin		F
1 Stück	Karotte (Mohrrübe, Möhre)		E
1-2 TL	Bohnenkraut		W
1 Stück	Ingwer frisch (1cm)		M
2-3 Blatt	Lorbeerblatt		M
1-2 Streifen	Wakame		W

Kochanleitung:
Hülsenfrüchte wie Bohnen, Linsen, Erbsen oder Kichererbsen werden in reichlich kaltem Wasser mehrere Stunden bis zu 3 Tagen eingeweicht. Alle 8 Stunden sollte dabei das Wasser gewechselt werden. Danach Einweichwasser wegschütten und Hülsenfrüchte gründlich waschen.
Zubereitung:
Hülsenfrüchte mit frischem kaltem Wasser und einer Ingwerscheibe aufsetzen und zum Schäumen bringen. Ohne Deckel ca. 5 min kochen lassen, dabei den Schaum, der sich bildet abschöpfen. Erst danach folgende Zutaten geben: eine Zitronenscheibe oder Zitronensaft, Wacholderbeeren zerdrücken, Thymian; (ev. 1 Messerspitze Asafoetida bei großer Verdauungsschwäche). Bohnenkraut, Salbei, Wacholder, Bockshornkleesamen, Karotte, Lorbeerblätter, frischer Ingwer, Wakamealge zugeben
Auf kleinster Flamme köcheln bis Bohnen oder Linsen die gewünschte Konsistenz haben.
Diese Basis kann 3-4 Tage im Kühlschrank aufbewahrt werden.

6.26 Humus

Stärken Milz und Herz, weicht auf, leitet nach unten. Befeuchtet, entspannt, baut Qi auf, verteilt. Nährt Blut. Nährt Blut und Leber, harmonisiert Leber und Milz, stärkt Sehkraft, bewahrt die Säfte, zieht zusammen.

Kalorien p. Portion 542
Kochdauer ca. 2 Stunden
Thermische Wirkung: kühl

Menge	Zutaten		
2 Tassen	Kichererbsen		W
1 TL zerrieben	Wakame		W
1/4 TL	Ingwer frisch		M
1 Prise	Rosmarin		F
1 EL	Sesam Paste (Tahini)		E
2 EL	Olivenöl	wenig	E
1 Spritzer	Zitrone Saft	empfehlenswert	H
nach Bedarf	Wasser		E
1 Zehe geschabt	Knoblauch		M
1 TL gehackte	Petersilie		H
1 Prise	Paprika		E
1 Prise	Curcuma (Gelbwurz)	empfehlenswert	
1 Prise	Koriander		M
1 Prise	Kardamom		M
1 Prise	Chili (Schote oder gemahlen)		M
1 Prise	Pfeffer (gemahlen)		M
1/2 TL	Salz Kräutersalz		W

Kochanleitung:
Kichererbsen über Nacht oder mind. 6 Stunden einweichen, Einweichwasser weg giessen, in frischem Wasser ca. 1 - 1 ½ Std. mit wenig Meeresalge und Ingwer kochen, erkalten lassen.
Würzen mit einigen Spritzern Zitronensaft, Petersilie.
Klein geschnittener oder gepresster Knoblauch mit Pfeffer würzen, je nach Belieben mehr oder weniger Koriander - und Kardamompulver, wenig Chili-Pulver. Tahin und Olivenöl hinzugeben.

Alle Zutaten zusammen pürieren. Je nach Konsistenz Wasser dazugeben. Es sollte eine geschmeidige Paste entstehen.
Auf Getreideküchlein, Cracker oder getoastetes Brot streichen oder zu Salat genießen.

6.27 Indische Dalsuppe

Reduziert innere Hitze und Feuchtigkeit, weicht auf, leitet nach unten. Stärkt Milz und Leber, reguliert Qi-Fluss, befeuchtet, entspannt, baut Qi auf, verteilt, stärkt Leber und Niere, reduziert feuchte Hitze.

Kalorien p. Portion 255
Kochdauer ca. 30 Min.
Thermische Wirkung: kühl

Menge	Zutaten		
175 g.	Linsen (Helmbohnen)		W
3 EL	Sesamöl		E
1 Stück	Karotte (Mohrrübe, Möhre)		E
1 Stück	Zwiebel Schalotte		M
2 Tassen	Wasser		E
2 Scheiben	Ingwer frisch		M
1 Prise	Salz	wenig	W
1 TL	Sojasauce		W
1 TL gehackte	Petersilie		H
1 TL	Thymian		W
1 EL	Basilikum	ja	M

Kochanleitung:
Linsen über Nacht einweichen; in einen heißen Topf Öl geben; Karotte, Zwiebel, etwas Ingwer andünsten mit Wasser aufgießen; Linsen zugeben und weich kochen; Salz oder Sojasoße zugeben und weitere 10 Minuten kochen; vor dem Servieren Petersilie unterheben; Thymian oder Basilikum drüberstreuen.
Variante: Andere Kräuter wie Salbei, Rosmarin oder Liebstöckel ermöglichen eine Vielfalt von Geschmacksnuancen.

6.28 Kardamomwasser

Wärmt Mitte, löst Stagnation, leitet nach oben. Tonisiert das Nieren-Yang, nährt Knochen und Sehnen, stärkt Magen, löst Blähungen, zusammenziehend, hilft bei Verdauungsschwäche.

Kalorien p. Portion 16
Kochdauer ca. 20 min.
Thermische Wirkung: warm
Therapeutisches Rezept

Menge	Zutaten	
2 EL	Kardamom	M
1 Liter	Wasser	E

Kochanleitung:
Kardamomkapseln in einem Mörser fein zerstoßen. Mit 1 l Wasser aufkochen und 10 Min. bei mittlerer Hitze leise kochen.
Kardamomwasser durch ein Sieb in Gläser füllen und heiß servieren.

6.29 Karotten-Hirse-Auflauf mit Apfelkompott

Bewahrt die Säfte, zieht zusammen. Stärkt Milz und Leber, reguliert Qi-Fluss, befeuchtet, entspannt, baut Qi auf, verteilt. Nährt Säfte, befeuchtet Trockenheit, Schwächezustände, produziert Körpersäfte, befeuchtet Darm, kühlt innere Hitze.

Kalorien p. Portion 349
Kochdauer ca. 1 Stunde
Thermische Wirkung: kühl

Menge	Zutaten		
200 g	Hirse	empfehlenswert	E
500 ml	Kuhmilch (Vollmilch 3,5 % Fett)	wenig	E
1/2 Stück	Zitrone Schale		F
2 EL	Zucker braun	weniger als angegeben	E
400 g.	Karotte (Mohrrübe, Möhre)		E
2 TL	Ingwer frisch		M
1 TL	Acerola Fruchtnektar oder Pulver		H
50 g.	Mandelmus		E
4 Stück	Huhn Ei		E
150 g.	Joghurt (Natur, 1,5 % Fett)	wenig	F
1 TL	Butter Bio	wenig	E
4 Stück	Apfel (sauer)	ja	H
300 ml.	Wasser		E
2 Stück	Nelke		M
1 EL	Zucker braun	weniger als angegeben	E

Kochanleitung:
Backofen auf 100 ° C (Umluft 8o ° C, Gas Stufe 2) vorheizen.
Die Hirse mit Milch, Zitronenschale und Zucker zum Kochen bringen. Zugedeckt 5 Minuten leicht köcheln, dann zugedeckt im vorgeheizten Ofen bei 20 Minuten ausquellen lassen. Ofen auf mittlere Hitze schalten.
Äpfel schälen und im kleine Stücke schneiden, mit dem Wasser, Nelken und Zucker etwa 5 Minuten kochen.
Die Hirse in einer Schüssel mit den geriebenen Karotten, feingehackten Ingwer und Acerola vermischen.
Mandelmus (oder Butter) mit dem Handrührgerät verrühren. Eigelb dazugeben und alles zu einer glatten Creme rühren. Sauerrahm untermischen. Hirse und Karotten untermischen.
Eiweiß sehr steif schlagen und unter die Hirsemasse heben. Eine Auflaufform mit Butter ausstreichen. Die Hirsemasse einfüllen und im vorgeheizten Ofen bei milder Hitze 45 Minuten backen.
Mit dem Apfelkompott servieren.

6.30 Kartoffel mit Löwenzahnsalat

Stärkt Qi, stärkt Milz, lindert Entzündungen, befeuchtet, entspannt, baut Qi auf, verteilt. Kühlt Leber-Hitze, reduziert innere Hitze, weicht Knoten auf. Löst Stagnation, leitet nach unten. Nährt Säfte und Jing, baut Qi auf, verteilt.
Kalorien p. Portion 162
Kochdauer ca. 25 min.
Thermische Wirkung: neutral

Menge	Zutaten		
250 g.	Kartoffel	wenig	E
1/2 Stück	Zwiebel weiss		M
1 EL	Sonnenblumenöl		E
125 g.	Löwenzahn (junger)	empfehlenswert	F
1 Prise	Salz	wenig	W
1 Prise	Pfeffer weiss (gemahlen)		M

Kochanleitung:
Die Kartoffeln in Salzwasser garen und in dünne Scheiben schneiden. Die Zwiebel fein hacken. Nun die Kartoffeln mit Öl, Salz und Pfeffer würzen und den Löwenzahn hinzugeben und mischen.

6.31 Kartoffeln mit Bärlauch-Topfen

Stärkt Qi, stärkt Milz, lindert Entzündungen. Nährt Blut und Yin, stärkt Zang-Organe, stärkt Magen-Darm, harmonisiert Qi, lindert Alkoholvergiftung,
befeuchtet Lunge, bewegt Qi.
Kalorien p. Portion 254
Kochdauer ca. 20 Min.
Thermische Wirkung: kühl

Menge	Zutaten		
300 g.	Kartoffel	wenig	E
1 Prise	Salz	wenig	W
2 Handvoll	Bärlauch (Knoblauchspinat)	ja	M
250 g.	Topfen 20%	wenig	H
2 EL	Joghurt (Natur, 1,5 % Fett)	wenig	F
1 Prise	Salz	wenig	W

Kochanleitung:
Kartoffeln in Salzwasser kochen und schälen.
Die Bärlauchblätter werden gewaschen und vorsichtig abgetrocknet und in feine Streifen geschnitten. Topfen, Jogurt und Salz vermischen und die gehackten Bärlauchstücke untermischen. Zu den Kartoffeln servieren.
In der Jahreszeit in der kein Bärlauch wächst kann das Bärlauch-Pesto verwendet werden.

6.32 Lachs auf Tomate-Spinat

Nährt Blut und Yin, stärkt Zang-Organe, stärkt Magen-Darm, stärkt Qi und Blut, weicht auf, leitet nach unten, stärkt Milz, lindert Entzündungen, befeuchtet, entspannt, verteilt.

Kalorien p. Portion 364
Kochdauer ca. 1 Stunde
Thermische Wirkung: kühl

Menge	Zutaten		
500 g.	Kartoffel	wenig	E
1 Prise	Salz	wenig	W
600 g.	Lachs		W
2 TL	Rapsöl		E
100 g.	Tomate		H
700 g.	Spinat	ja	E
1 Prise	Salz	wenig	W
4 EL	Pinienkerne		E
120 g.	Lauch (Porree)	empfehlenswert	M
4 EL	Olivenöl	wenig	E
1 Prise	Salz	wenig	W
1 Prise	Pfeffer weiss (gemahlen)		M

Kochanleitung:
Kartoffel schälen und würfelig schneiden, in Salzwasser garkochen.
Den Lachs in Portionen schneiden und in einer Pfanne von beiden Seiten, sanft mit Salz und Pfeffer gewürzt langsam und gleichmäßig braten, später die Pinienkerne dazugeben und leicht anrösten.
Spinat in Salzwasser blanchieren.
Den klein geschnittene Lauch mit etwas Rapsöl leicht anschwitzen, den blanchierten Spinat dazugeben und gleichmäßig erwärmen.
Kurz vor dem Anrichten die halbierten Cocktailtomaten zum Spinat geben und das Gemüse gut mit Salz und Pfeffer abschmecken.
Das Spinat-Lauch-Tomaten-Bett mit den Kartoffeln anrichten, den Lachs dazugeben und die gesalzenen Pinienkerne darauf streuen.
Das Gericht mit wenig Olivenöl beträufeln und servieren.

6.33 Mungobohnen-Eintopf

Leitet überschüssige Hitze aus; ist sehr nahrhaft. Reduziert Hitze und Gift, weicht auf, leitet nach unten. Wärmt Magen und Milz, harmonisiert den Darm, stärkt Qi-Funktion, reduziert Feuchtigkeit.

Kalorien p. Portion 665
Kochdauer ca. 2 Stunden
Thermische Wirkung: kühl

Menge	Zutaten		
1/4 Kg.	Mungobohne		W
3 EL	Sonnenblumenöl		E
1/2 TL	Amaranth		F
1/2 TL	Fenchelsamen gemahlen	empfehlenswert	E
1/2 TL	Cumin (Kreuzkümmel)		M
1/2 TL	Koriander		M
1/2 Tasse	Reis Rundkornreis	empfehlenswert	M
3 Tassen	Wasser		E
2 cm.	Ingwer frisch		M
3 cm.	Kombualge		W
1 Prise	Salz	wenig	W
1 EL	Petersilie		H

Kochanleitung:

Mungobohnen über Nacht einweichen; in einem heißen Topf Sonnenblumenöl erhitzen; Amaranth, Fenchelsamen, Cumin und Koriander einrühren und kurz anrösten; Basmatireis, etwas Ingwer und Mungobohnen zugeben und kurz rösten; Wasser aufgießen und alles aufkochen; ein Stück Kombu-Alge und Salz hineingeben. 1-1/2 Stunden köcheln; mit Petersilie oder Koriander grün garnieren.

6.34 Quinoa mit Pfirsich

Nährt Blut und Säfte, bewegt Blut, baut Qi auf, verteilt. Stärkt Qi, trocknet aus, leitet nach unten. Stärkt Mittleren Erwärmer, befeuchtet.
Kalorien p. Portion 247
Kochdauer ca. 20 min.
Thermische Wirkung: warm

Menge	Zutaten		
1 Tasse	Quinoa		F
2 Tassen	Wasser		E
2 TL	Honig	wenig	E
2 Stück	Pfirsich		E
2 TL	Leinöl		E
1 TL gehackte	Zitronenmelisse (frisch)		M
1 Prise	Chili (Schote oder gemahlen)		M
1 Prise	Zimtpulver		M
1 Prise	Vanille		E

Kochanleitung:

Am Abend: Quinoa in heißes Wasser und zugedeckt 15 bis 20 weich kochen.

In der Früh: Quinoa mit 1 El Wasser aufwärmen.

Pfirsiche in einem Topf leicht dünsten oder frisch dazu geben. Mit frischer Zitronenmelisse dekorieren.

Sommer: Nektarinen, Marillen - Winter: Eingelegtes Obst, Birne, Äpfel

6.35 Reis mit Pastinake

Reguliert Qi, trocknet aus, leitet nach unten. Wärmt Magen und Milz, harmonisiert den Darm, stärkt Qi-Funktion, reduziert Feuchtigkeit. Befeuchtet, entspannt, baut Qi auf, verteilt. Vertreibt Schleim, leitet nach unten, Aktiviert Wei Qi, stärkt Qi.

Kalorien p. Portion 206
Kochdauer ca. 45 Min.
Thermische Wirkung: kühl

Menge	Zutaten		
1 Tasse	Reis Sorte beliebig	empfehlenswert	M
2 Tassen	Wasser		E
1 Prise	Salz	wenig	W
3-4 Stück	Pastinake	empfehlenswert	F
1 EL	Olivenöl	wenig	E
1 TL	Salbei		F

Kochanleitung:
Pastinake schälen und in Scheiben schneiden. Kurz in Öl anbraten. Reis hinzugeben und kurz anbraten. Mit Wasser übergießen und mind. 30 min. kochen lassen. Mit wenig frischem gehacktem Salbei bestreuen.

6.36 Reis-Congee mit Karotten und Fenchel

nährend baut Qi auf, stärkt die Verdauungsfunktionen
Kalorien p. Portion 131
Kochdauer ca. 2 Stunden und mehr
Thermische Wirkung: warm

Menge	Zutaten		
1/2 Liter	Grundrezept für eine Reissuppe (Congee)	ja	
2 Stück	Karotte (Mohrrübe, Möhre)		E
1 Stück	Fenchel	empfehlenswert	E
1 TL	Butter Bio	wenig	E
1/2 TL	Kardamom		M

Kochanleitung:
Reis-Congee nach Grundrezept kochen.

Hinweis:
Wenn Karotten und Fenchel von Anfang an mitgekocht werden, dienen sie der Bekömmlichkeit. Werden sie kurz vor Ende der Kochzeit zugegeben, bleiben Geschmack und Vitamine erhalten.

Vor dem servieren mit Butter und Kardamom verfeinern.

6.37 Reissuppe mit Nieren

Stärkt Nieren-Yang, erwärmend. Wärmt Magen und Milz, harmonisiert den Darm, stärkt Qi-Funktion, reduziert Feuchtigkeit. Reguliert Qi, wärmt Milz und Niere, löst Stagnation, leitet nach oben.
Kalorien p. Portion 301
Kochdauer ca. 1 1/2 Stunden
Thermische Wirkung: kühl

Menge	Zutaten		
1/2 Tasse	Reis Sorte beliebig	empfehlenswert	M
20 dag.	Rind Niere		E
2 EL	Olivenöl	wenig	E
3 Tassen	Wasser		E
1/2 TL	Ingwer frisch		M
2 Stück	Zwiebel Frühlingszwiebel		M
1 Prise	Fenchelsamen gemahlen	empfehlenswert	E
1 Prise	Pfeffer (gemahlen)		M
1 Prise gemahlen	Muskatnuss		M
1 Schuß	Sojasauce		W

Kochanleitung:
Klein geschnittene und gut gesäuberte Nieren in Öl, Ingwer und Frühlingszwiebeln anbraten. Zum dem nach Grundrezept vorbereiteten Reisbrei geben, mit Wasser aufgießen und mit gemahlenen Fenchelsamen, Pfeffer, Muskat und Sojasoße abschmecken.

Empfehlung: Schweine- und Rindernieren stärken das Qi der menschlichen Niere, vorausgesetzt sie sind von guter Qualität, d.h.. von kontrolliert biologisch aufgezogenen Tieren aus artgerechter Haltung. Die Nieren vom Schwein sind salzig-neutral; diejenigen vom Rind süß-warm.

6.38 Rettichgemüse mit Meerrettich

Leicht erfrischend und befeuchtend löst Stagnation. Nährt Blut und Leber, harmonisiert Leber und Milz, stärkt Sehkraft, bewahrt die Säfte, zieht zusammen. Nährt Lunge und Milz, vertreibt Schleim, löst Schleim, löst Stagnation, leitet nach oben.
Kalorien p. Portion 196
Kochdauer ca. 30 Min.
Thermische Wirkung: neutral

Menge	Zutaten		
1 EL	Butter Bio	wenig	E
1/2 Stück	Rettich (weiß, grün, lila-rot)	empfehlenswert	M
3 EL	Wasser		E
2 EL	Zitrone Saft	empfehlenswert	H

Menge	Zutaten		
2 EL	Weißwein		H
1 Prise	Rosenpaprika		F
1 TL	Sesamöl		E
2-3 EL	Rettich Meerrettich (Kren)	empfehlenswert	M
1 Prise	Salz	wenig	W
1 Bund gehackte	Petersilie		H
1/2 Tasse	Reis Langkornreis	empfehlenswert	M
3 Tassen	Wasser		E
1 Prise	Salz	wenig	W

Kochanleitung:

In einer heißen Pfanne die Butter schmelzen, in Stifte geschnittenen Rettich andünsten. Mit kaltem Wasser aufgießen, Zitronensaft, Weißwein, eine Prise Rosenpaprika und das Sesamöl unterrühren; mit 2 - 3 EL frisch geriebenem Meerrettich (ersatzweise 1 TL aus dem Glas), Salz abschmecken; gehackte Petersilie drüberstreuen.

Reis mit dem Wasser aufstellen, salzen und ca. 15 Min. kochen lassen.

6.39 Rhabarber-Apfel-Grütze

Befeuchtet, entspannt, baut Qi auf, verteilt. Kühlt Hitze, bewahrt die Säfte, zieht zusammen. Stärkt Mittleren Erwärmer, befeuchtet. Kühlt Hitze, vertreibt Schleim, Leitet Wind Kälte und Wind Hitze aus, bewegt Ma Qi, löst Stau.
Kalorien p. Portion 180
Kochdauer ca. 15 Min.
Thermische Wirkung: kühl

Menge	Zutaten		
200 g	Rhabarber	empfehlenswert	H
300 ml.	Apfelsaft (Naturtrüb)	ja	E
30 g.	Maisstärke		E
20 g.	Honig	wenig	E
1 Prise	Vanillezucker Natur		E
1 Prise	Zimtpulver		M
2 Blätter	Pfefferminze	empfehlenswert	M

Kochanleitung:

Die Maisstärke mit 1/2 Tasse Apfelsaft glattrühren.
Den Rhabarber in 1 Tasse Wasser 10 min. dünsten, den restlichen Apfelsaft zugeben und mit der angerührten Stärke abbinden, nochmals aufkochen.
Mit dem Honig süßen und mit Vanille und Zimt würzen. Die Masse auf Dessertschälchen verteilen und mit Minze garnieren.

6.40 Russischer Kasha mit Weißkohl

Stärkt Milz Magen und Darm Qi, wirkt leicht erwärmend. Wandelt Feuchtigkeit um, reduziert feuchte Hitze und inneren Wind.
Kalorien p. Portion 250
Kochdauer ca. 30 Min.
Thermische Wirkung: kühl

Menge	Zutaten		
1 Tasse	Buchweizen Vollkorn		H
2 Tassen	Wasser		E
1 Prise	Muskatnuss		M
1 Prise	Salz	wenig	W
1 EL	Petersilie		H
1 Prise	Kümmel	empfehlenswert	E
1 TL	Butter Bio	wenig	E
1 Handvoll	Weißkohl/Weißkraut		E

Kochanleitung:
Buchweizen trocken goldgelb rösten; kochendes Wasser zugießen, kurz aufkochen und dann quellen lassen, bis er weich ist; Weißkohl fein raspeln und unterheben mit Muskat, etwas Salz würzen; am Schluss etwas Petersilie, Kümmel und Butter hinzufügen.

6.41 Schnellpolenta mit Avocado und Frühlingszwiebel

Nährt Yin von Leber, Lunge und Dickdarm, entspannt, baut Qi auf, verteilt, lässt Urin und Gallensaft fließen. Reguliert Qi, wärmt Milz und Niere.
Kalorien p. Portion 449
Kochdauer ca. 10 min.
Thermische Wirkung: kühl

Menge	Zutaten		
1 Tasse	Mais (Schnellpolenta)		E
2 Tassen	Wasser		E
1 EL	Olivenöl	wenig	E
1 Prise	Salz	wenig	W
1 Prise	Pfeffer (gemahlen)		M
1 Schuß	Zitrone Saft	empfehlenswert	H
2 Stück	Zwiebel Frühlingszwiebel		M
1/2 Stück	Avocado	wenig	E
1 Prise	Kurkuma (Gelbwurz)		F
1 TL	Basilikum (frisch)	ja	M

Kochanleitung:
Wasser erhitzen, Öl, Zitrone und Gewürze dazugeben.
Wenn das Wasser kocht, Polenta unter ständigem Rühren einrieseln lassen und 2 min kochen

Wenn fest, dann ist die Polenta schon fertig
Gewürfelte Avocado und geschnittene Frühlingszwiebel unter Polenta
mischen. Frischen Basilikum daraufstreuen.

6.42 Spargelcremesuppe

Nährt Yin von Lunge und Niere, produziert Körpersäfte, ernährt Yin,
befeuchtet, entspannt, baut Qi auf, verteilt. Befeuchtet, führt ab,
antiparasitisch. Nährt Blut und Leber, harmonisiert Leber und Milz.
Nährt Yin von Herz und Niere.
Kalorien p. Portion 240
Kochdauer ca. 45 Min.
Thermische Wirkung: kühl

Menge	Zutaten		
200 g	Spargel (grün oder weiß)		E
1/2 Liter	Wasser		E
3 EL	Rapsöl		E
2 EL	Weizen Mehl	wenig	H
1 Stück	Huhn Eigelb		E
1 EL	Kuhmilch (Vollmilch 3,5 % Fett)	wenig	E
1 EL	Sauerrahm 15% Fett	wenig	H
1 Prise	Pfeffer (gemahlen)		M
1 Prise	Muskatnuss		M
1 TL	Zitrone Saft	empfehlenswert	H
2 EL	Petersilie		H
1 Prise	Salz	wenig	W

Kochanleitung:
Den Spargel waschen und schälen. Wasser, etwas Zitronensaft und
Prise Salz zum Kochen bringen. Die Spargelstangen zusammenbinden.
Spargelschalen ins Kochwasser geben und aufkochen lassen. Den
Spargel in die kochende Flüssigkeit geben, auf kleiner Hitze ca. 20
Minuten garen lassen. Danach die Spargelbündel herausnehmen und
den Sud durch ein Sieb gießen.
Für die Einbrenn, das Öl in einem Topf erhitzen, das Mehl dazu geben
und farblos anschwitzen, mit dem Spargelsud langsam auffüllen und 10
Minuten köcheln lassen.
Die Spargelstangen in ca. 3 cm lange Stücke schneiden und unter die
abgebundene Suppe geben. Kurz vor dem Servieren die Suppe
nochmals aufkochen lassen. Das Eigelb mit der Milch und Sauerrahm
verrühren.
Den Topf vom Herd nehmen und danach das Eigelb-Milch-Gemisch
unterrühren. Mit Pfeffer und Muskat abschmecken, mit der gehackten
Petersilie dekorieren und sofort servieren.

6.43 Spargel-Kräuter-Ragout

Nährt Yin von Lunge Niere Blut und Leber, produziert Körpersäfte, ernährt Yin, befeuchtet, entspannt, baut Qi auf, verteilt. Stärkt Milz und Leber, reguliert Qi-Fluss.
Kalorien p. Portion 168
Kochdauer ca. 30 Min. (+Grundrezept)
Thermische Wirkung: kühl

Menge	Zutaten		
500 ml	Grundrezept für eine Gemüsebrühe	empfehlenswert	
1/2 Stück	Zitrone Schale		F
1/4 TL	Koriander		M
1 Prise	Muskatnuss		M
800 g.	Spargel (grün oder weiß)		E
1 Bund	Petersilie		H
2 EL	Creme fraiche	wenig	F
1 TL	Zitrone Saft	empfehlenswert	H
400 g.	Kartoffel	wenig	E

Kochanleitung:
Kartoffeln mit reichlich gesalzenem Wasser zustellen und ca. 20 Min. weichkochen.
Gemüsebrühe mit Zitronenschale, Koriander und Muskat zum Kochen bringen. Den geschälten und in Stücke geschnittenen Spargel darin weich kochen.
Spargel in ein Sieb abgießen. Die Garflüssigkeit auffangen.
Im Mixer 200 g gekochten Spargel (die unteren Enden), Garflüssigkeit und die Petersilie zu einer glatten Soße mixen. Die Soße mit Creme fraiche glatt rühren. Spargel untermischen und nochmals erhitzen und mit Zitronensaft, Salz und Pfeffer abschmecken. Mit den Kartoffeln servieren.

6.44 Suppe mit Gurken und Tomaten

Kühlt, diuretisch, reduziert feuchte Hitze. Nährt Leber-Yin, kühlt Hitze, produziert Körpersäfte. Beruhigt Nerven und Magen.
Kalorien p. Portion 137
Kochdauer ca. 10 Min.
Thermische Wirkung: kühl

Menge	Zutaten		
1 Stück	Gurke	empfehlenswert	E
4 Stück	Tomate (sehr reife)		H
1 Stück	Zwiebel weiss		M
1/2 Stück (grün)	Paprika		E
1 PriseSalz	wenig		W
1 Schuß	Essig (Apfelessig)		H

| 1 Tasse | Wasser | E |
| 2 Stück | Huhn Ei | E |

Kochanleitung:
Alle Zutaten im Mixer pürieren. Im Kühlschrank abkühlen. Beim Servieren mit kleingeschnittenen Semmelwürfel und kleingeschnittenem hartgekochtes Ei bestreuen.

6.45 Tee Himbeerblättertee

Stärkt Milz-Qi.
Kalorien p. Portion 0
Kochdauer ca. 10 Min.
Thermische Wirkung:
Therapeutisches Rezept

Menge	Zutaten	
2 EL	Himbeerblättertee	
1/4 Liter	Wasser	E

Kochanleitung:
Wasser zum sieden bringen und wegstellen. Himbeerblätter dazugeben und 10 min. ziehen lassen. Ev. mit Honig süßen. Beim eingießen abseihen.

6.46 Tee Lavendelblütentee

Kalorien p. Portion 0
Kochdauer ca. 10 Min.
Thermische Wirkung:
Therapeutisches Rezept

Menge	Zutaten	
1 TL	Lavendelblüten	
1 Tasse	Wasser	E

Kochanleitung:
Der Lavendelblütentee wird mit siedendem Wasser übergossen und zehn Minuten ziehen gelassen, absieben. Ev. mit Honig süßen.

6.47 Tee Mischung gegen Durchfall

Stärkt Lunge und Milz. Reduziert inneren Wind und Hitze, kühlt Leber. Vertreibt Schleim, leitet nach unten, Aktiviert Wei Qi, stärkt Qi.
Kalorien p. Portion 4
Kochdauer ca. 10 Min.
Thermische Wirkung: kühl
Therapeutisches Rezept

Menge	Zutaten		
1/2 TL	Kamille		
1/2 TL	Thymian getrocknet		M
1/2 TL	Pfefferminztee	empfehlenswert	
1/4 TL	Salbei		F
2 Tassen	Wasser		E

Kochanleitung:

Mischung mit 250 ml kochendem Wasser übergießen und 10 Minuten ziehen lassen. Danach absieben.

Nach Bedarf 2 bis 3 Tassen pro Tag trinken.

6.48 Ungarischer Reissalat

Wärmt Magen und Milz, harmonisiert den Darm, stärkt Qi-Funktion, reduziert Feuchtigkeit. Fördert Verdauung, hilft Fett zu verdauen, unterstützt das Wasserlassen, reduziert Blutdruck.

Kalorien p. Portion 421

Kochdauer ca. 25 Min.

Thermische Wirkung: kühl

Menge	Zutaten		
1/2 Tasse	Reis Vollkorn	empfehlenswert	M
3 Tassen	Wasser		E
1 Prise	Salz	wenig	W
100 g.	Tomate		H
50 g.	Paprika		E
30 g.	Champignon	ja	E
30 g.	Edamer		H
45 g.	Joghurt (Natur, 1,5 % Fett)	wenig	F
1 Prise	Salz	wenig	W
1 EL	Kräuter verschiedene		
2 EL	Rapsöl		E
1 TL	Senf		M
1 Prise	Pfeffer (gemahlen)		M

Kochanleitung:

Reis in reichlich kochendem Salzwasser körnig weich kochen und abtropfen lassen. Tomaten und Paprikaschote waschen und entkernen. Beide klein würfeln. Champignons (aus der Dose oder mit Rapsöl kurz anrösten) und Käse in kleine Würfel schneiden und zum Reis geben. Marinade herstellen und mit den Zutaten vermischen, Kühl stellen und mindestens eine Stunde durchziehen lassen.

6.49 Vitamindrink

Reduziert innere Hitze, befeuchtet Darm, befeuchtet, entspannt, baut Qi auf, verteilt. Kühlt Hitze, nährt Säfte.

Kalorien p. Portion 172
Kochdauer ca. 5 Min.
Thermische Wirkung: kühl

Menge	Zutaten		
300 ml.	Orangensaft		H
200 g.	Karotte (Mohrrübe, Möhre)		E
2 Stück	Banane		E
1 Stück	Kiwi	empfehlenswert	H

Kochanleitung:
Orangen. Karotten, Bananen und den geschälten Kiwi grob zerkleinern und mit dem Pürierstab fein pürieren.

7 Wirkung der Lebensmittel

7.1 Zutaten verwenden: empfehlenswert

(Kalorien pro 100g.)
Adzukibohnen...263
Anis (gemeiner Fenchel) 378
Apfel (süß)..60
Apfelmus 72
Artischocke...12
Aubergine...25
Austern...72
Austernpilze..31
Brennnessel 24
Buchweizen (geröstet) Kasha ....-
Chinakohl 16
Curcuma (Gelbwurz) ....-
Fenchel...31
Fenchelsamen gemahlen 348
Fencheltee..-
Grundrezept für eine Gemüsebrühe nahrhaft 19
Gurke 13
Hirse 362
Hirseflocken...369
Holunderbeeren...53
Huhn Eiweiß..50
Kaki-Pflaume...71
Kerbel...-
Kerbel getrocknet 209
Kiwi 56
Krabbe..-

7.2 Zutaten verwenden: ja

Aloesaft .... -
Apfel (sauer) 60
Apfelsaft (Naturtrüb) 50
Aprikose getrocknet 249
Bambussprossen 10
Bärlauch (Knoblauchspinat) .... -
Barsch 121
Basilikum 27
Basilikum (frisch) 27
Birne 60
Birnensaft 68
Blumenkohl (Karfiol) 27
Brokkoli 33
Champignon 27
Dorsch 96
Erbse, grün 81
Erbsen 145
Granatapfel 44
Grundrezept für eine Reissuppe (Congee) 50
Gurke (bitter) 12
Gurke (Gewürzgurke) 13
Holunderblütentee 237
Kabeljau 76
Kürbiskerne 597
Marillen 55
Marillensaft 58
Morchel (schwarz, getrocknet) 10
Mu-Erh-Pilz .... -
Petersilienwurzel 33
Pfifferlinge/Eierschwammerl 12
Preiselbeere 46
Reis Duftreis 351
Reis Gaoliangreis (Sorghum) .... -
Reis Reisschleim 353
Reis Schwarzer .... -
Reis Süßer .... -
Reis Wilder (Naturreis) 353
Roggen Vollkornbrot 306
Silbermorchel, getrocknet .... -
Spinat 16
Steinpilz/Herrenpilz 20

7.3 Zutaten verwenden: wenig

7.4 Kontraindikativ wirkende Lebensmittel nicht verwenden

Aal
Aal geräuchert
Cashewnüsse
Dinkel
Dinkel Brot
Dinkel Grieß
Dinkel Vollkornmehl
Erdbeere
Erdnuss (geröstet)
Erdnussbutter
Erdnüsse
Fruchtzucker (Fruktose, Traubenzucker)
Gans (Gänseschmalz)
Haselnüsse
Kokosflocken
Kokosnussfleisch
Kokosraspeln
Mandelmilch
Margarine
Margarine (Diät)
Mascarpone
Mayonnaise 50%
Mayonnaise 80%

Rind Knochenmark
Sahne sauer 30%
Sahne, süß 30%
Schimmelkäse
Schmelzkäse 30%
Schwein Fett
Schwein Schmalz
Topfen 40%
Vollkornbrot
Vollkornmehl
Walnüsse
Walnüsse geröstet
Weizen Mehl Vollkorn
Weizen/Roggen Grau-Schwarzbrot mit Hefe
Zucker (Staubzucker)
Zucker (weiß, aus Rüben)
Zucker braun
Zucker Fructose Fruchtzucker
Zucker Kandis weiß
Zucker Melasse
Zucker Milchzucker
Zucker Palmzucker
Zucker Ursüße (Zuckerrohr)

8 Therapeutische Kräuter und deren Wirkungen

keine Definiert

9 Kräuter aus den Rezepten und deren Wirkungen

9.1 Basilikum

Wirkt wohltuend bei Blähungen und Übelkeit, entkrampfend und beruhigend.
Trocknet aus, leitet nach unten.

9.2 Beifuß

Reduziert Blutungen, lindert Schmerzen. In der Küche wird Beifuß als Gewürz für fettes Essen benutzt. Da er viele Bitterstoffe enthält, kurbelt er die Fettverbrennung an und fördert die Verdauung.

9.3 Bohnenkraut

Magenstärkend und antibakteriell, beruhigend und appetitanregend.
Stärkt die Abwehr.
Tonisiert das Nieren-Yang, das Herz-Qi, den Magen und das Milz-Qi und erwärmt die Mitte, bewegt das Leber-Qi und das Blut, leitet Schleim und Kälte aus der Lunge, öffnet die Oberfläche, leitet Wind-Kälte aus.

9.4 Dill

Gegen Blähungen, krampflösend bei Magen-Darm-Beschwerden
Bewegt Qi, löst Stagnation, leitet nach oben.

9.5 Koriander

Fördert Verdauung.
Schweiß treibend, reduziert Wind.

9.6 Kresse

Harntreibend, unterstützt das Wasserlassen.
Bewegt Qi und Blut, diuretisch, kühlt bei innerer Hitze, befeuchtet Lunge,

löst Stagnation, leitet nach oben.

9.7 Lauchzwiebel Schnittlauch

Bakterizid, beugt Krebs vor, stärkt Magensaftproduktion, fördert Verdauung und Durchblutung, fördert das Wachstum, löst Stagnation. Leitet nach oben.

9.8 Lavendelblüten

Zentrale Nervensystem, Unruhezuständen, Einschlafstörungen, Appetitlosigkeit und nervösen Darmbeschwerden.

9.9 Liebstöckel

Regt Verdauung an, reduziert Schmerzen.
Reduziert inneren Wind, Feuchtigkeit, löst Stagnation, leitet nach oben.

9.10 Lilienzwiebel

Beruhigt Nerven.

9.11 Löwenzahn (junger)

Entgiftet, lindert Entzündungen.
Kühlt Leber-Hitze, reduziert innere Hitze, weicht Knoten auf.

9.12 Makannasternsamen

Stärkt Milz, lindert Diarrhö, reduziert Ausfluss.

9.13 Petersilie

Regt Leberfunktion an, entgiftet.
Nährt Blut und Leber, harmonisiert Leber und Milz, stärkt Sehkraft, bewahrt die Säfte, zieht zusammen.

9.14 Pfefferminze

Entkrampft, befreit Lunge und Nase (Inhalieren), reguliert Zyklus.
Kühlt Hitze, vertreibt Schleim, Leitet Wind Kälte und Wind Hitze aus, bewegt Ma Qi, löst Stau.

9.15 Rosmarin

Fördert Verdauung, stärkt Lunge, Milz und Niere.
Trocknet aus, leitet nach unten. Stärkt Herz, Lunge und Milz-Qi, Stärkt
Leber-Blut. Stärkt Herz-Yin. Vertreibt Milz Hitze/Kälte Feuchtigkeit. Stärkt
Milz- und Nieren-Yang

9.16 Sauerampfer

Adstringierend, blutbildend, blutreinigend, harntreibend, Fieber,
Leberschwäche, Magenbeschwerden, Verdauungsschwäche,
Verstopfung, Durchfall, Würmer, Skorbut, Blutarmut,
Frauenbeschwerden, Wunden, Hautausschläge, Pickel, Furunkel,
Geschwüre, Schwellungen
Bewahrt die Säfte, zieht zusammen.

9.17 Schwarzkümmel

entkrampfend, immunregulatorisch. Außerdem soll das Öl die Bildung
von Knochenmarkszellen anregen und allgemein Körperzellen vor Viren
schützen.

9.18 Thymian getrocknet

Stärkt Lunge und Milz.

9.19 Yamswurzel, Yamswurzelknolle

Baut Lunge, Milz, Niere auf.

10 Grundlagen der Ernährung

Die hier beschriebenen Grundlagen der Ernährung zeigen allgemeine Empfehlungen und beziehen sich nicht auf eine spezielle Therapieform. Die Empfehlungen der Therapie haben Vorrang.

10.1 Ernährung

Die regelmäßige Einnahme von Mahlzeiten in entspannter Atmosphäre. Ein wärmendes Frühstück gilt als guter Start in den Tag.
Mittags sollte die Hauptmahlzeit stattfinden - das Abendessen am frühen Abend.

Die Beachtung von Hunger- und Sättigungsgefühlen: Nicht überessen und nicht hungern, so lautet die Regel.

Die frische Zubereitung der Speisen aus naturbelassenen, regionalen Produkten. Tiefgekühlte, hitzekonservierte, industriell vorgefertigte oder mikrowellengegarte Lebensmittel werden abgelehnt.

Die Auswahl von Lebensmittel nach der Jahreszeit: Im Sommer mehr kühlende Nahrung, im Winter mehr wärmende Nahrung.

Mindestens zweimal am Tag Gekochtes essen. Speisen und Getränke sollen möglichst handwarm, niemals eiskalt oder heiß sein.

Rohkost, kurz gegartes Gemüse, frisch gepresste Säfte und Mineralwasser werden üblicherweise nicht empfohlen. Milch und Milchprodukte stehen nur dann auf dem Speiseplan, wenn sie problemlos vertragen werden.

Therapeutische Rezepte nicht über einen längeren Zeitraum ohne Rücksprache mit dem Arzt oder Therapeuten einnehmen.

1. Vielseitig essen
Lebensmittelvielfalt genießen. Merkmale einer ausgewogenen Ernährung sind abwechslungsreiche Auswahl, geeignete Kombination und angemessene Menge nährstoffreicher und energiearmer Lebensmittel. (Einerseits Schutz vor Unterversorgung mit essentiellen Nährstoffen und andererseits Schutz vor einer überhöhten Zufuhr unerwünschter Inhaltsstoffe.)

2. Reichlich Getreideprodukte - und Kartoffeln
Brot, Nudeln, Reis, Getreideflocken (am besten aus Vollkorn), sowie

Kartoffeln enthalten kaum Fett, aber reichlich Vitamine, Mineralstoffe, Spurenelemente sowie Ballaststoffe und sekundäre Pflanzenstoffe. Diese Lebensmittel sollten mit möglichst fettarmen Zutaten verzehrt werden.

3. Gemüse und Obst - Nimm "5" am Tag ...

5 Portionen Gemüse und Obst am Tag, möglichst frisch, nur kurz gegart, oder auch eine Portion als Saft – idealerweise zu jeder Hauptmahlzeit und auch als Zwischenmahlzeit: Damit werden reichlich Vitamine, Mineralstoffe sowie Ballaststoffe und sekundären Pflanzenstoffe (z.B. Carotinoiden, Flavonoiden) zugeführt. Das Beste, was man für die eigene Gesundheit tun kann.

4. Täglich Milch und Milchprodukte, ein- bis zweimal in der Woche

Fisch; Fleisch, Wurstwaren sowie Eier in Maßen. Diese Lebensmittel enthalten wertvolle Nährstoffe, wie z.B. Calcium in Milch, Jod, Selen und Omega-3-Fettsäuren in Seefisch. Fleisch ist wegen des hohen Beitrags an verfügbarem Eisen und an den Vitaminen B1, B6 und B12 vorteilhaft. Mengen von 300 - 600 g Fleisch und Wurst pro Woche reichen hierfür aus. Fettarme Produkte bevorzugen, vor allem bei Fleischerzeugnissen und Milchprodukten.

5. Wenig Fett und fettreiche Lebensmittel

Fett liefert lebensnotwendige (essenzielle) Fettsäuren und fetthaltige Lebensmittel enthalten auch fettlösliche Vitamine. Fett ist besonders energiereich, daher kann zu viel Nahrungsfett Übergewicht fördern, möglicherweise auch Krebs. Zu viele gesättigte Fettsäuren fördern langfristig die Entstehung von Herz-Kreislauf-Krankheiten. Pflanzliche Öle und Fette bevorzugen (z.B. Raps-, Oliven- und Sojaöl und daraus hergestellte Streichfette). Auf unsichtbares Fett achten, das in Fleischerzeugnissen, Milchprodukten, Gebäck und Süßwaren sowie in Fast-Food- und Fertigprodukten meist enthalten ist. Insgesamt 70 - 90 Gramm Fett pro Tag reichen aus.

6. Zucker und Salz in Maßen

Nur gelegentlich Zucker und Lebensmittel, bzw. Getränke verzehren, die mit verschiedenen Zuckerarten (z.B. Glucosesirup) hergestellt wurden. Kreativ mit Kräutern und Gewürzen und wenig Salz würzen. Jodiertes Speisesalz bevorzugen.

7. Reichlich Flüssigkeit

Wasser ist absolut lebensnotwendig. Jeden Tag rund 1-2 Liter Flüssigkeit trinken. Wasser (ohne oder mit Kohlensäure) und andere kalorienarme Getränke bevorzugen. Alkoholische Getränke sollten nicht konsumiert werden.

8. Schmackhaft und schonend zubereiten

Die jeweiligen Speisen bei möglichst niedrigen Temperaturen garen, soweit es geht kurz, mit wenig Wasser und wenig Fett - das erhält den natürlichen Geschmack, schont die Nährstoffe und verhindert die Bildung schädlicher Verbindungen.

9. Sich Zeit nehmen und das Essen genießen

Bewusstes Essen hilft, richtig zu essen. Auch das Auge isst mit. Sich beim Essen Zeit lassen. Das macht Spaß, regt an, vielseitig zuzugreifen und fördert das Sättigungsempfinden.

10. Auf das Gewicht achten und in Bewegung

Ausgewogene Ernährung, viel körperliche Bewegung und Sport (30 bis 60 Minuten pro Tag) gehören zusammen. Mit dem richtigen Körpergewicht fühlt man sich wohl und fördert die Gesundheit.
Thermik, Wirkrichtung, Verdauungskraft
Es gibt unterschiedliche Kriterien, die Wirksamkeit von Kräutern und Lebensmittel zu beurteilen. Der Einsatz der Kräuter und Zutaten basiert auf Beobachtung, was die Lebensmittel, Kräuter und Gewürze nach ihrem Verzehr im Körper bewirken. In der Medizin hat sich daraus folgendes System entwickelt: Jede Zutat oder Kraut hat eine Wirkrichtung. Außerdem gibt es noch Kräuter, die eine besondere Wirkung auf bestimmte Organe haben.

Voraussetzung für einen gesunden Stoffwechsel ist es, darauf zu achten, dass wir ausreichend Energie aus der Nahrung gewinnen und der Verdauungsprozess so wenig Energie wie möglich verbraucht. Eine bekömmliche Mahlzeit macht zufrieden und satt, verursacht keine Blähungen und keine Müdigkeit nach dem Essen. Richtiges Würzen erhöht die Bekömmlichkeit unserer Speisen. Es genügen oft schon geringe Mengen an Kräutern und Gewürzen. Sie dienen nicht dazu, uns satt zu machen, sondern helfen unseren Verdauungsorganen, die Nahrung zu verdauen.

10.2 Rezepte

Die Rezepte zeigen Ihnen welche Zutaten verwendet werden, sowie mit der Kochanleitung wie diese zubereitet werden. Bei den Zutaten wird neben den Mengenangaben auch die Wichtigkeit für die Therapie, das Wärmeverhalten sowie das Element angezeigt. Wenn dabei angezeigt wird "weniger als angegeben" versuchen Sie diese Empfehlung einzuhalten oder eine Alternative aus der Liste der "Empfohlenen Lebensmittel" zu finden. Meistens ist es nur eine leichte geschmackliche Änderung wenn Sie diese Zutat gänzlich weglassen.

Schonende Kochmethoden: Kochen, dämpfen, pochieren, dünsten
Scharfe Kochmethoden: Grillen, rösten, anbraten, räuchern
Ausgeglichene Kochmethoden: Frittieren, Römertopf

Auf das Einfrieren und erwärmen in der Mikrowelle sollte verzichtet werden (Denaturierung).

10.2.1 Rezepte nach der Folge der Elemente kochen

In der TCM werden die Zutaten der Rezepte möglichst in der Reihenfolge der Elemente verwendet, welches eine erhöhte Bekömmlichkeit und energetische Qualität ergibt. Den Beginn macht die Kochmethode mit der begonnen wird. Wird in einer Pfanne oder Topf etwas erwärmt ist das Element das Feuer. Diese 5 Elemente stehen in Beziehung zueinander und haben eine natürliche Reihenfolge, die den Jahreszeiten entspricht.
Metall - Wasser - Holz - Feuer - Erde.
So stärkt das jeweilige Element das das ihm nachfolgende. Die Zutaten können dann in Gruppen der jeweiligen Elemente beigegeben werden.
Es sollten nach Möglichkeit immer alle 5 Elemente in einer Speise vorhanden sein. Das Element mit dem man aufhört, ist am wirksamsten.
Das bedeutet, gebe Sie am Ende noch etwas Petersilie über das Gericht, hat es den größten Einfluss auf die Leber, da sowohl Petersilie als auch die Leber zum Holzelement zählen.

Wenn Sie nach dieser Methode kochen wollen, sollten Sie bei einem TCM-Ernährungsberater oder einem TCM-Kochkurs weitere Feinheiten kennen lernen. Grundlagen sehen Sie auf:
https://de.wikipedia.org/wiki/Fünf-Elemente-Lehre

Organ	Element
Leber, Galle	Holz
Herz, Dünndarm	Feuer
Milz, Magen	Erde
Lunge, Dickdarm	Metall
Nieren, Blase	Wasser

10.3 Lebensmittel

In der Traditionell Chinesischen Medizin werden alle Lebensmittel den 5 Elementen Holz, Feuer, Erde, Metall und Wasser zugeordnet.

Lebensmittel wirken wie Heilkräuter auf Körper und Geist, nur wesentlich sanfter. Die Ernährungsberatung stützt sich hauptsächlich auf heimische Lebensmittel. Das Wissen über die Wirkungsweisen jedes einzelnen Lebensmittels und das Wissen wann welche Lebensmittel zur Anwendung kommen, entstammt der Schulmedizin. Verwende Sie möglichst Erzeugnisse aus ökologischen-biologischem Landbau.

Da wegen der besseren Verdaulichkeit grundsätzlich alles lange gekocht und kaum roh gegessen wird, ist die Verträglichkeit hervorragend.

Die Einteilung der Lebensmittel entsprechend ihrer Wirkung auf den Körper und bildet die Basis, um einen ausgewogenen und harmonischen Gesundheitszustand im Körper zu erreichen.

Grundsätzlich empfiehlt die Ernährungsberatung keine bestimmten Lebensmittel für Jedermann. Ausschlaggebend für den individuellen Speiseplan ist vor allem die persönliche Konstitution.

Kaufen Sie nur frisches und reifes Obst und Gemüse ein. Braune Stellen, welke Blätter aber auch unreifes Obst und Gemüse sollten Sie im Supermarkt zurücklassen. Greifen Sie dann zu Tiefkühlware (keine Fertiggerichte!). Tiefkühlobst und -gemüse werden kurz nach dem Ernten schockgefroren und enthalten deshalb oftmals mehr Vitamine und Mineralstoffe, als die Ware aus der Obst- und Gemüsetheke! Konserven- und Dosenware dagegen enthält wesentlich weniger Biostoffe. Zudem werden Letztere meist mit Salz, Zucker usw. angereichert. Lassen Sie die Zutaten nach dem Waschen nie im Wasser liegen, denn so gehen viele Vitalstoffe ins Wasser über! Putzen Sie Salate, Früchte und Gemüse erst unmittelbar vor Verzehr.

Beachten Sie bitte die hygienische Verarbeitung der Lebensmittel. Waschen Sie Ihre Salate, Früchte und Gemüse gründlich. Bei Gerichten mit Fleisch bereiten Sie zuerst die Zutaten vor und verarbeiten dann die Fleischprodukte. Reinigen Sie danach die Arbeitsflächen und Werkzeuge besonders gründlich. Holzunterlagen sollten regelmäßig mit leichtem Desinfektionsmittel behandelt werden um die Keimbildung einzuschränken.

Bewahren Sie Obst und Gemüse möglichst getrennt voneinander auf. Auch geerntete Früchte und Gemüse leben und strömen z.B. Ethylengas aus, das andere Sorten schneller reifen und altern lässt. Fleisch und Fisch in der verschlossenen Verpackung lassen oder in luftdichten Boxen im Kühlschrank aufbewahren.

10.4 Kräuter

Bei der Aufbewahrung und Lagerung von Heilkräutern, müssen gewisse Grundregeln beachtet werden. Grundsätzlich müssen Heilkräuter geschützt vor direkter Sonneneinstrahlung, vor Feuchtigkeit und vor heißen Temperaturen gelagert werden.

Als Gefäße für die Lagerung von Heilkräutern können Gläser, Keramik-Behälter und zur Not auch Plastik-Dosen eingesetzt werden. Plastik ist aber ein sehr unreines Material und sollte daher wirklich nur eine kurzfristige Notlösung sein. Bei Glasbehältern ist darauf zu achten, dass dunkles Glas verwendet wird.

Heilkräuter können nicht beliebig lange aufbewahrt werden. Die Haltbarkeit von Heilkräutern ist auf jeden Fall begrenzt. Durch die Haltbarkeitsdauer kann durch sachgerechte Lagerung wesentlich erhöht werden. So soll der Lagerplatz dunkel, eher kühl und absolut trocken sein. Ein Medizinschrank aus Holz, der nicht direkt bei einer Wärmequelle platziert ist wäre ideal. Um Ihre Heilkräuter nicht wegwerfen zu müssen, kaufen Sie nicht zu große Mengen an Heilpflanzen. Beschriften Sie die Behälter mit dem Namen des Heilkrauts und dem Datum der Ernte bzw. der Verarbeitung.

11 Weitere Ernährungsvorschläge

Folgende Syndrome der Diätetik, der TCM oder als Therapieergänzung bei Krebs sind verfügbar.

DIÄTETIK

1. Ernährung des Säuglings - Beikost
2. Ernährung in der Stillzeit
3. Ernährung im Alter
4. Ernährung von Kindern und Jugendlichen
5. Ernährung von Sportlern
6. Leichte Vollkost
7. Schwangerschaft
8. Vollkost

Eiweiß und Elektrolyt – Nieren

9. (Hämo-)Dialysebehandlung
10. Akutes Nierenversagen
11. Chronische Niereninsuffizienz
12. Nephrotisches Syndrom
13. Nierensteine (Nephrolithiasis)

Gastrointestinaltrakt - Bauchspeicheldrüse

14. Akute Pankreatitis (Entzündung der Bauchspeicheldrüse)
15. Chronische Pankreatitis (Entzündung der Bauchspeicheldrüse)

Gastrointestinaltrakt - Dünndarm und Dickdarm

16. Akute Obstipation (Verstopfung)
17. Chronische Obstipation (Verstopfung)
18. Colon irritabile
19. Divertikulitis
20. Erworbene Laktoseintoleranz (Laktosemalabsorption)
21. Fruktosemalabsorption
22. Glutensensitive Enteropathie (Zöliakie)
23. Kolektomie
24. Kurzdarmsyndrom

Gastrointestinaltrakt - Leber, Gallenblase, Gallenwege

25. Akute und chronische Hepatitis (Entzündung der Leber)
26. Cholelithiasis (Gallensteine)
27. Fettleber
28. Leberzirrhose

Gastrointestinaltrakt - Magen und Zwölffingerdarm

29. Akute Gastritis
30. Chronische Gastritis
31. Magenblutung
32. Ulcus ventriculi und Ulcus duodeni
33. Zustand nach Magenoperation

Gastrointestinaltrakt - Mundhöhle und Speiseröhre

34. Mundschleimhautentzündung
35. Ösophaguskarzinom (Speiseröhrenkrebs)
36. Reflüxösophagitis (Sodbrennen)

spezielle Krankheiten

37. Phenylketonurie (PKU)

38. Rheumatische Gelenkserkrankungen
Stoffwechsel
39. Adipositas (Übergewicht)
40. Diabetes mellitus
41. Essstörungen (Untergewicht)
Fettstoffwechsel
42. Hypercholesterinämie (erhöhter Cholesterinspiegel)
43. Hepatische Enzephalopathie
Herz- und Kreislauf
44. Arteriosklerose (Arterienverkalkung)
45. Herzinsuffizienz
46. Hypertonie (Bluthochdruck)
47. Hyperurikämie und Gicht
veränderter Nährstoffbedarf
48. bei Fieber
49. bei malignen Erkrankungen
50. nach Verbrennungen
51. Strahlen- und Chemotherapie

KREBS
100. Bauchspeicheldrüse
101. Blasenkrebs
102. Blutkrebs (Leukämie)
103. Brustkrebs
104. Darmkrebs
105. Magenkrebs
106. Nierenkrebs
107. Speiseröhrenkrebs

TCM
200. Blase - Feuchte Hitze in der Blase
201. Blase - Feuchtigkeit und Kälte in der Blase
202. Blase - Leere und Kälte in der Blase
203. Dickdarm - äussere Kälte befällt den Dickdarm
204. Dickdarm - Feuchte Hitze im Dickdarm
205. Dickdarm - Hitze blockiert den Dickdarm II akut
206. Dickdarm - Trockenheit des Dickdarms
207. Dickdarm - Yang Mangel (Kälte)
208. Herz - Blut Mangel
209. Herz - Blut Stagnation
210. Herz - Feuer
211. Herz - Heisser Schleim verstopft die Herzporen
212. Herz - Kalter Schleim verstopft die Herzporen
213. Herz - Qi Mangel
214. Herz - Yang Mangel
215. Herz - Yin Mangel
216. Leber - aufsteigender Leber-Yang
217. Leber - Blut-Mangel
218. Leber - Blut-Stagnation
219. Leber - feuchte Hitze in Leber und Gallenblase
220. Leber - Feuer
221. Leber - Gallenblase Qi-Leere
222. Leber - Kälte im Lebermeridian

12 EBNS - Software für die Ernährungsberatung

Die Hauptaufgabe der Datenbank ist eine „**personalisierte Ernährungsberatung**" für jeden Patienten individuell. Die Datenbank wurde für die Diätetik und Traditionellen Chinesischen Medizin entwickelt. Sie Unterstützt bei der Ausbildung und Beratung im Arbeitsalltag.

Das Computerprogramm liefert Listen von Rezepten, Zutaten und Kräuter, welche dem Klienten mitgegeben werden. Individuell nach Patienten-Wunsch von Vollkost bis Vegetarier (Lacto-, Ovo-, ...) einstellbar. Zu jedem Register gibt es ein INFOBLATT welches einmal dem Klienten mitgegeben werden kann.

Die Syndrome sind kombinierbar und ergeben eine Schnittmenge der empfehlenswerten Rezepte und Zutaten. Die automatisierte Diagnose für die TCM ermöglicht Ihnen während der Ausbildung Ihre Erfahrungen zu überprüfen sowie im Arbeitsalltag ihre Diagnose zu bestätigen. Sie wählen mehrere vordefinierte Symptome und lassen sich vom Programm die relevanten Syndrome automatisch anzeigen.

Wie Sie mit der Datenbank arbeiten können:
Sie können alle Werte verändern, neue Symptome oder Syndrome anlegen, Rezepte entwickeln, verändern oder Zutaten und Kräuter an Ihre Erkenntnisse anpassen. In der einfachen Klientenverwaltung werden alle relevanten Daten zu der Person gespeichert. Sie bekommen einen Überblick über die zurückliegenden Diagnosen und die Entwicklung des Krankheitsverlaufes.

Als Berater sparen Sie viel Zeit, wenn Sie für die erkannten Syndrome die Rezept-, Lebensmittel- und Kräuterlisten ausdrucken und den Klienten mitgeben. Diese Zeit können Sie für das persönliche Gespräch nutzen.

Alle Rezept- und Lebensmittellisten können Sie auch als Kombination mehrerer Erkrankungen bestellen. Mit der Datenbank können Sie außerdem für jedes Rezept die Nährstoffe und Spurenelemente angezeigt bekommen und Rezepte für Syndrome selbst mit vorgeschlagenen Zutaten entwickeln.

Weitere Informationen finden Sie auf http://www.ebns.at.
Josef Miligui, Tel.: +43 660 121 05 00